© Concha López Narváez, 2014
© Grupo Editorial Bruño, S. L., 2014
Juan Ignacio Luca de Tena, 15
28027 Madrid
www.brunolibros.es

Dirección Editorial: Isabel Carril
Coordinación Editorial: Begoña Lozano
Texto inglés, taller y revisión: Ángel Cardenal
Edición: María José Guitián
Ilustraciones: Patricia Gómez Serrano
Preimpresión: Alberto García
Diseño: Óscar Muinelo

ISBN: 978-84-696-0024-5
Depósito legal: M-6278-2014

Reservados todos los derechos. Quedan rigurosamente prohibidas, sin el permiso escrito de los titulares del *copyright*, la reproducción o la transmisión total o parcial de esta obra por cualquier procedimiento mecánico o electrónico, incluyendo la reprografía y el tratamiento informático, y la distribución de ejemplares mediante alquiler o préstamo públicos.

Printed in Spain

The New School

Asesoría lingüística: John Liddy

Nota para los adultos

Si vuestros hijos o alumnos están aprendiendo inglés y vosotros buscáis unos textos que no solo les sirvan para practicar, sino para desarrollar el oído literario, la colección «Cuentos bilingües» es la respuesta.

Cada uno de los títulos que la forman se centra en un tema fundamental y cercano —en esta ocasión se trata del colegio— y se trabaja especialmente en fijar el vocabulario básico, tan importante al aprender una lengua extranjera.

Los tiernos y sorprendentes cuentos de esta colección son perfectos, por varios motivos, para aprender inglés y despertar en los niños el gusto por la lectura.

- Las ilustraciones que los acompañan, claras y sencillas, dan apoyo al contenido.

- El taller que sigue a los relatos constituye una herramienta muy útil para sacarle todo el partido a los cuentos desde una perspectiva lúdica.

- El CD pone a vuestra disposición la narración de los textos, para escucharlos una y otra vez y realizar ejercicios de *listening,* tan necesarios en inglés.

- Por último, el texto en español, disponible al girar el libro, no solo facilitará la comprensión completa del inglés, sino que logrará que los niños sigan disfrutando de la lectura, esta vez en su propia lengua.

«Cuentos bilingües», por tanto, acerca a niños y adultos dos textos en dos idiomas distintos —inglés y español, cada uno con su ritmo y su estilo propios— que se complementan de manera impecable.

The new school is huge and grey. The caretaker is smiling at the entrance and Juan thinks that he looks like a shark because his teeth are so big.

Juan's legs are shaking. It's his first day of school and he doesn't know anyone. Also he's not very good at football or basketball, and it won't be easy to make new friends.

It's half past nine, time for the lessons to start. The students line up in the corridor and Juan joins the end of the line for his class.

As the children move and follow their teachers, they look like giant snakes.

Suddenly a boy trips and bumps into Juan, and with a "Thud!" his schoolbag flies into the air and everything falls out onto the floor.

Juan kneels down to pick up his things. But where are his books? And where are his notebooks? He can't find his pen or his pencils. He has lost his rubber and he can't see his pencil sharpener. To make it worse there are millions of shoes and boots trampling over him. What a mess!

Finally he has everything together and he stands up. But where are all his classmates and teachers? There's no one else in the corridor now and Juan becomes pale.

"Come on, run! You'd better catch up with them or you'll be late!" he thinks to himself. Then suddenly he hears a strange noise.

Juan looks back and sees a little blonde girl crying.

Juan doesn't know what to do. A part of him wants to go after his classmates, but the other part of him doesn't want to leave the girl alone. Juan hesitates, but after a minute he decides to help her.

"What's wrong? Why are you crying so much?" he asks.

"Because I'm lost. I'm a new student. There were so many students and now the line has disappeared."

"Poor girl, she's a new student just like me," Juan thinks.

Then the girl stops crying. She holds Juan's hand tight and says: "My name is María and I'm six."

"Hello María, my name's Juan. What about if we look for your classroom together?"

They look along the whole corridor but they only find closed doors. Juan reads the signs out loud: lunch room, kitchen, toilets, library, gym, teachers' room…

There are no classrooms in this corridor, but at the end there are some stairs.

They go up the stairs to the first floor and they find what they have been looking for.

"Thank you very much, Juan", María says, going into her classroom.

Now Juan has to hurry to find his own classroom, which is on the second floor.

It is getting late and Juan's heart is beating fast. He takes a little rest and then he opens the door.

There are twenty-five chairs, desks and hangers. There is a huge blackboard and there are posters and drawings all over the walls. But there are also twenty-four pupils and a teacher. All fifty eyes are looking at him questioningly. They are only curious but they feel like dragon's eyes to him.

"I'm sorry, I got lost," he says in a low voice.

First the children are surprised but then they all laugh out loud; he's eight years old and he got lost…

He feels embarrassed and he looks for his desk. He doesn't speak or even talk to anyone for the rest of the lessons.

At noon it is break time. The playground is enormous. There are children running around and chasing each other and playing football and basketball. Juan is alone in a corner. He's bored.

Suddenly an older boy approaches Juan. María is with him.

"Juan, Juan, Juan!" the girl cries out, getting everyone's attention.

Lots of children gather round.

"Thank you Juan," the big boy says.

"Thank you Juan," adds the little girl, hugging him.

Juan blushes and thinks: "Now everyone is going to laugh at me again."

But then the older boy explains to everyone what happened: "María is my cousin. She got lost because her class had left. She was crying and Juan helped her. Thanks again Juan," he says.

No one laughs, not even Juan's classmates who are now looking at him with friendly eyes.

"Come on Juan, let's play!" someone says.

"Yeah, let's play!" everyone says.

Juan can't believe it, but everyone is saying it: "Let's play!" Juan is so happy now that he feels like the sun is smiling down on him.

He's not good at football or basketball, but he's not the only one. It doesn't matter now because there are so many different games to play.

Break time is over and Juan goes back to his class. Everything is different now. The playground doesn't seem so big and the school isn't grey anymore. Everyone is talking to him and he is talking to all the students. He thinks he's going to love school.

Even the caretaker doesn't look like a shark anymore!

Taller

1 ¡Aprende bien este vocabulario!

caretaker
portero

shark
tiburón

corridor
pasillo

rubber
goma de borrar

pencil sharpener
sacapuntas

classmates
compañeros de clase

line
fila

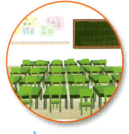
classroom
aula

lunch room
comedor

kitchen
cocina

toilet
servicio

library
biblioteca

gym
gimnasio

teachers' room
sala de profesores

first floor
primer piso

second floor
segundo piso

hanger
colgador

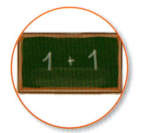
blackboard
pizarra

break time
recreo

playground
patio

corner
rincón

2 Fíjate bien en esta ilustración y señala los siguientes objetos: shoes, boots, books, notebooks, pen, pencils, rubber, pencil sharpener.

3 ¿Qué más cosas sueles llevar en la mochila? ¡Escríbelas en inglés!

....

....

....

4 Pon estas ilustraciones en el orden correcto, es decir, según han salido en el cuento.

5 ¿Cómo acaba la historia? Ordena correctamente estas ilustraciones.

6 Escribe en inglés estas palabras que salen en el cuento.

Tiburón ....

Fútbol ....

Baloncesto ....

Profesor ....

Serpiente ....

Dibujo ....

7 Tacha las palabras que no deberían estar en cada serie.

lunch room, toilet, library, gym, pupil

chair, desk, blackboard, shark, teacher, pupil

dragon, playground, girl, boy, games, break time

teeth, heart, leg, eyes, sun

—Anda, Juan, vamos a jugar —dice de pronto una voz.

—Sí, vamos a jugar —dicen otras voces.

Juan no puede creerlo; sin embargo, los niños repiten:

—¡Vamos a jugar! —y a él le parece que de pronto le sonríe el sol.

A Juan no se le dan bien ni el fútbol ni el baloncesto, pero a muchos niños tampoco, y, además, hay muchas otras cosas a las que jugar.

Termina el recreo y Juan vuelve a clase. Ahora todo es diferente. El patio ya no es tan grande, ni el colegio tan gris. Los niños le hablan y él habla con ellos. A Juan el colegio empieza a gustarle.

Ah, y otra cosa: ¡el conserje ya no le parece un tiburón!

—Muchas gracias, Juan —le dice el niño mayor.

—Muchas gracias, Juan —añade la niña pequeña, y lo abraza fuerte.

Juan se pone rojo y piensa: «Seguro que mis compañeros se ríen otra vez». Pero entonces el niño mayor mira a su alrededor y explica:

—María es mi prima. Se marchó su fila y ella se perdió. Lloraba por eso, pero él la ayudó y la llevó a su clase. Muchas gracias, Juan —repite.

Ahora no se ríe nadie, ni siquiera los compañeros de Juan, que lo miran con ojos distintos. Con ojos de amigo.

A media mañana salen al recreo. El patio es inmenso. Los niños corren, se persiguen y juegan al fútbol o al baloncesto. Juan está en un rincón, aburrido y solo.

De pronto un niño se acerca. Es muy mayor, pero con él va María, la niña pequeña y rubia.

—¡Juan, Juan, Juan! —lo llama la niña muy alto, y a él le parece que la oyen en el mundo entero.

Y sí, casi, casi, porque poco a poco se acercan más niños.

—Lo siento, me he perdido —dice en voz baja.

Los niños primero se asombran y luego se ríen con voces muy altas: por favor, mira que perderse en el cole un niño de ocho años…

Muerto de vergüenza, Juan busca su sitio. Durante las clases no alza la cabeza ni habla con nadie.

Ahora Juan debe darse prisa y encontrar la suya, que está en el segundo piso.

Se ha hecho muy tarde y Juan siente que el corazón le salta en el pecho. Descansa un poco y empuja la puerta.

En la clase hay veinticinco sillas, veinticinco mesas, veinticinco perchas, una gran pizarra y además pósters y dibujos sobre las paredes. Pero también hay veinticuatro niños y una profesora. En total son cincuenta ojos que miran a Juan, y en todos hay una pregunta. Son ojos curiosos; sin embargo, a él le parecen ojos de dragón.

SALA DE PROFESORES

CUARTO DE BAÑO

BIBLIOTECA

COMEDOR

COCINA

GIMNASIO

La buscan a un lado y a otro del pasillo, pero a un lado y a otro solo hay puertas cerradas. Juan lee en voz alta los letreros: comedor, cocina, cuarto de baño, biblioteca, gimnasio, sala de profesores…

En el pasillo no hay ninguna clase, pero al fondo hay unas escaleras.

Las suben, y en el primer piso encuentran lo que están buscando.

—Muchas gracias, Juan —dice María, entrando en su clase.

—¿Qué te pasa? ¿Por qué lloras tanto? —le pregunta.

—Porque me he perdido. Soy nueva en el cole. Había muchos niños y se ha ido la fila.

«La pobre es nueva en el cole, lo mismo que yo», piensa Juan.

Entonces la niña deja de llorar, le coge una mano, se la aprieta fuerte y dice:

—Me llamo María y tengo seis años.

—Hola, María, yo me llamo Juan. ¿Y si buscamos juntos tu clase?

Por fin Juan reúne sus cosas y se pone en pie; pero ¿dónde están los niños y los profesores? En el pasillo ya no queda nadie y Juan se pone muy pálido.

«¡Corre, corre, corre! Tienes que alcanzarlos, si no vas a llegar tarde», piensa, pero de repente escucha un ruido extraño.

Juan mira hacia atrás y ve a una niña que llora. Es pequeña y rubia.

Juan oye dos voces en su cabeza. Una dice «Vete» y otra, «No la dejes sola». Juan duda un momento, pero al final decide ayudarla.

Juan se agacha para recoger sus cosas, pero ¿dónde están sus libros? ¿Dónde sus cuadernos? No encuentra el bolígrafo, tampoco los lápices. Le falta la goma, no ve el sacapuntas… Además, en el suelo hay un millón de botas y de zapatillas. Lo pisan y lo aplastan. ¡Qué desastre!

Son las nueve y media, hora de empezar las clases. En el pasillo se forman las filas y Juan se pone el último de su curso.

Los niños se mueven y siguen a los profesores. Parecen serpientes gigantes.

De repente un niño tropieza con Juan y, ¡plaf!, su mochila vuela y todo se cae al suelo.

El nuevo colegio es enorme y muy gris. En la puerta, el portero sonríe y a Juan le parece un tiburón, de tan grandes que tiene los dientes.

A Juan le tiemblan las piernas: es su primer día de clase y no conoce a nadie. Además, no se le dan bien ni el fútbol ni el baloncesto, y seguro que no será fácil hacer amigos.

CUENTOS bilingües
Bilingual TALES

El nuevo colegio

Bruño

© Concha López Narváez, 2014
© Grupo Editorial Bruño, S. L., 2014
Juan Ignacio Luca de Tena, 15
28027 Madrid
www.brunolibros.es

Dirección Editorial: Isabel Carril
Coordinación Editorial: Begoña Lozano
Edición: María José Guitián
Ilustraciones: Patricia Gómez Serrano
Preimpresión: Alberto García
Diseño: Óscar Muinelo

ISBN: 978-84-696-0024-5
Depósito legal: M-6278-2014

Reservados todos los derechos. Quedan rigurosamente prohibidas, sin el permiso escrito de los titulares del *copyright,* la reproducción
o la transmisión total o parcial de esta obra por cualquier procedimiento mecánico o electrónico, incluyendo la reprografía
y el tratamiento informático, y la distribución de ejemplares mediante alquiler o préstamo públicos.

Printed in Spain